MW01088226

FLASHCARD   BOOKS

4 BOOKS IN 1

ANIMALS - HOUSEHOLD ITEMS - CLOTHING - NUMBERS, SHAPE AND COLORS

ENGLISH
to
CHINESE

FLASHCARD   BOOK

BLACK & WHITE EDITION

HOW TO USE:

- READ THE ENGLISH WORD ON THE FIRST PAGE.

- IF YOU KNOW THE TRANSLATION SAY IT OUT LOUD.

- TURN THE PAGE AND SEE IF YOU GOT IT RIGHT.

- IF YOU GUESSED CORRECTLY, WELL DONE!
IF NOT, TRY READING THE WORD USING THE PHONETIC PRONUNCIATION GUIDE.

- NOW TRY THE NEXT PAGE.
THE MORE YOU PRACTICE THE BETTER YOU WILL GET!

WWW.FLASHCARDEBOOKS.COM

FLASHCARD BOOKS

ANIMALS

ENGLISH

to

CHINESE

FLASHCARD BOOK

BLACK & WHITE EDITION

Bat

蝙蝠

biān fú

amazon.com

SGfC7VKZ4j

Order of December 13, 2023

Qty.   Item

1   **4 books in 1 - English to Chinese - Kids Flash Card Book: Black & White: Learn Mandarin Vocabulary for Children (Chinese...**
        Books, Flashcard --- Paperback
        1973847787
        1973847787 9781973847786

Return or replace your item
Visit Amazon.com/returns

0/GfC7VKZ4j/-1 of 1-//AZA9-CART-A/next/0/1215-04:30/1214-23:06

SmartPa

Bear

熊

xióng

Bee

蜜蜂
mì fēng

Bull

牛

niú

Butterfly

蝴蝶
hú dié

Cheetah

猎豹

liè bào

Cow

牛

niú

Crab

螃蟹
páng xiè

Crocodile

鳄鱼

è yú

Dolphin

海豚
hǎi tún

Duck

鸭

yā

Elephant

象

xiàng

Fish

鱼
yú

Flamingo

火烈鸟
huǒ liè niǎo

Frog

青蛙
qīng wā

Giraffe

长颈鹿

cháng jǐng lù

Goat

山羊
shān yáng

Goose

鹅

é

Gorilla

大猩猩

dà xīng xing

Hamster

仓鼠
cāng shǔ

Hippo

河马

hé mǎ

Horse

马匹

mǎ pǐ

Iguana

鬣蜥

liè xī

Jellyfish

蜇
zhé

Kangaroo

袋鼠

dài shǔ

Koala

树袋熊
shù dài xióng

Ladybird

瓢虫

piáo chóng

Lion

狮子
shī zi

Manatee

海牛
hǎi niú

Monkey

猴子
hóu zi

Mouse

鼠

shǔ

Ostrich

鸵鸟

tuó niǎo

Owl

猫头鹰

māo tóu yīng

Panda

熊猫

xióng māo

Parakeet

虎斑鹦鹉

hǔ bān yīng wǔ

Parrot

鹦鹉

yīng wǔ

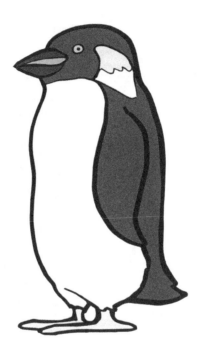

Penguin

企鹅

qǐ é

Pigeon

鸽子
gē zi

Pig

猪
zhū

Rabbit

兔子

tù zi

Rat

大鼠
dà shǔ

Rhino

犀牛

xī niú

Rooster

鸡

jī

Scorpion

蝎子

xiē zi

Seagull

海鸥

hǎi ōu

Seal

海豹

hǎi bào

Shark

鲨鱼

shā yú

Sheep

羊

yáng

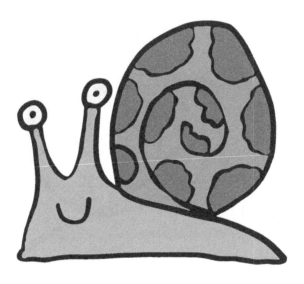

Snail

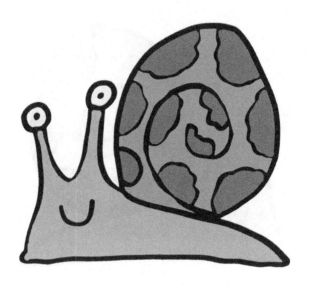

蜗牛

wō niú

Snake

蛇

shé

Squirrel

松鼠

sōng shǔ

Stag

牡鹿

mǔ lù

Stork

鹳

guàn

Tiger

虎

hǔ

Toad

癞蛤蟆

lài há ma

Tortoise

龟

guī

Turkey

火鸡

huǒ jī

Turtle

海龟
hǎi guī

Wolf

狼

láng

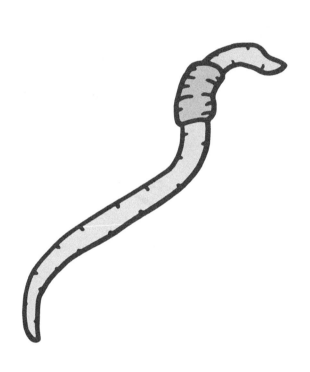

Worm

虫子
chóng zi

CLOTHING

ENGLISH to CHINESE

FLASHCARD BOOK

BLACK & WHITE EDITION

Infant bodysuit

婴孩贴身衣
yīng hái tiē shēn yī

Backpack

背包
bēi bāo

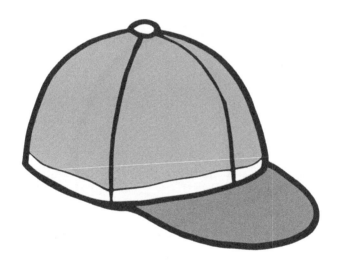

Baseball Cap

棒球帽
bàng qiú mào

Belt

腰带
yāo dài

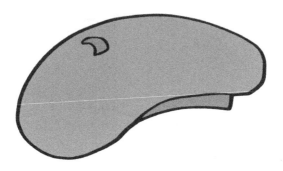

Beret

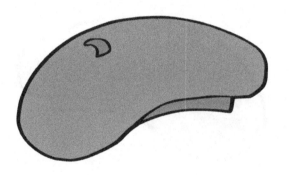

贝雷帽

bèi léi mào

Bib

围兜

wéi dōu

Boots

靴子
xuē zi

Bowtie

领结

lǐng jié

Boxer shorts

四角裤

sì jiǎo kù

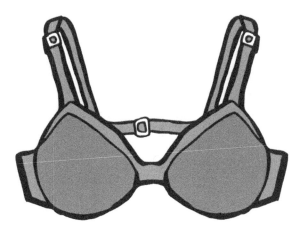

Bra

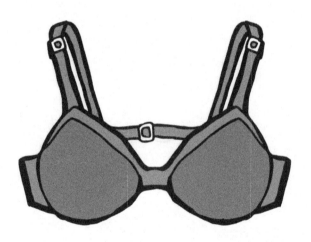

乳罩
rǔ zhào

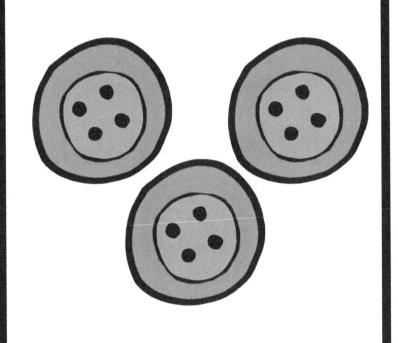

Buttons

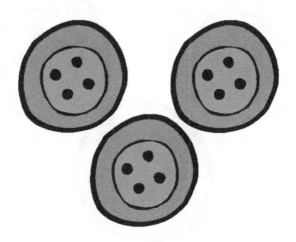

钮

niǔ

Cardigan

羊毛衣

yáng máo yī

Coat

外套
wài tào

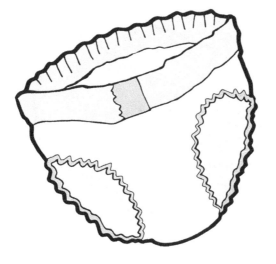

Diaper

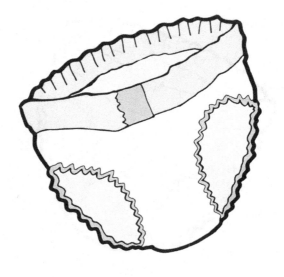

尿布

niào bù

Dress

连衣裙

lián yī qún

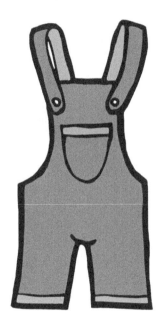

Dungarees

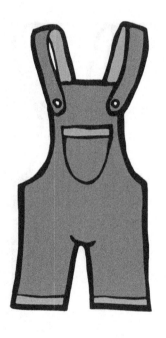

丹葛利

dān gé lì

Earrings

耳环

ěr huán

Glasses

眼镜
yǎn jìng

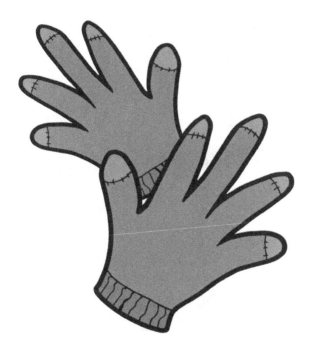

Gloves

手套
shǒu tào

Handbag

手提包

shǒu tí bāo

Hoodie

连帽衫

lián mào shān

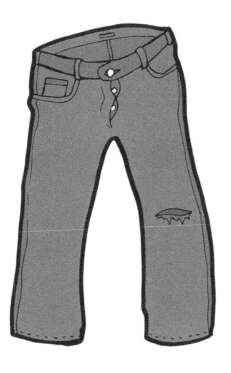

Jeans

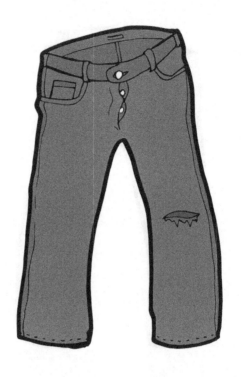

牛仔裤
niú zǎi kù

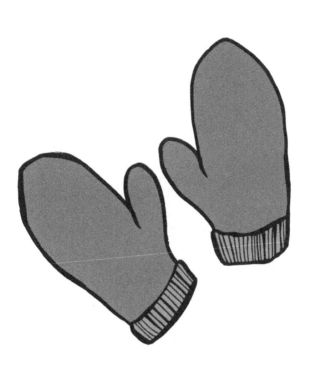

Mittens

连指手套

lián zhǐ shǒu tào

Necklace

颈链

jǐng liàn

Pajamas

睡衣裤

shuì yī kù

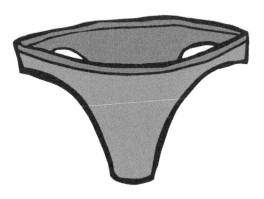

Panties

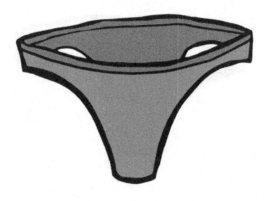

内裤

nèi kù

Party Hat

派对帽

pài duì mào

Raincoat

雨衣
yǔ yī

Ring

戒子

jiè zi

Robe

外袍
wài páo

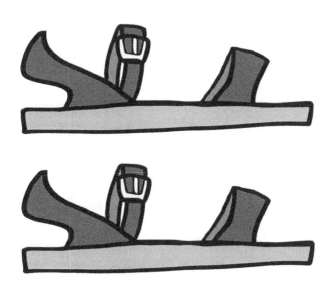

Sandals

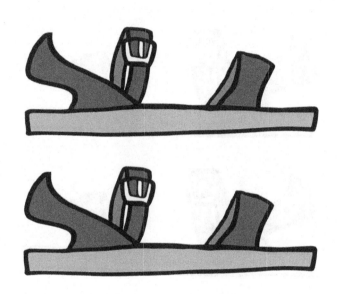

拖鞋

tuō xié

Scarf

围巾
wéi jīn

Shirt

恤衫
xù shān

Shorts

短裤

duǎn kù

Skirt

裙子
qún zi

Slippers

拖鞋

tuō xié

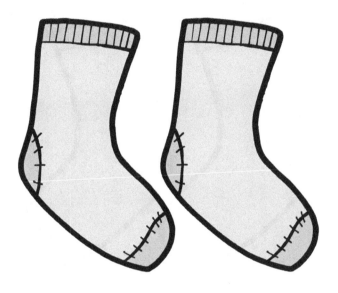

Socks

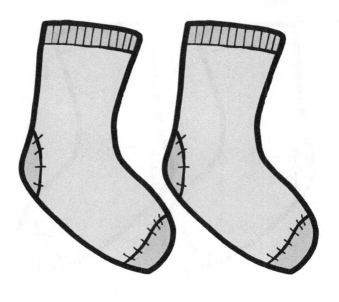

袜子

wà zi

Suit

套服
tào fú

Sunglasses

太阳眼镜
tài yáng yǎn jìng

毛衣
máo yī

Sweater

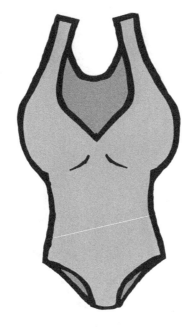

Bathing Suit

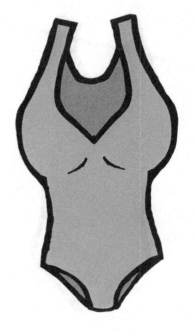

泳衣

yǒng yī

Swimming Trunks

游泳裤
yóu yǒng kù

T-shirt

T恤
T xù

Tie

领带
lǐng dài

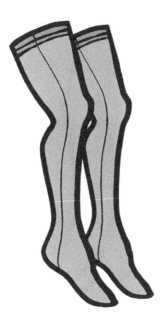

Tights

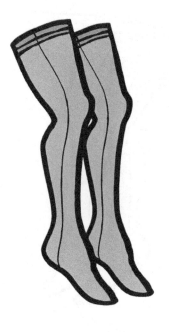

裤袜

kù wà

Top hat

顶帽
dǐng mào

Sneakers

运动鞋

yùn dòng xié

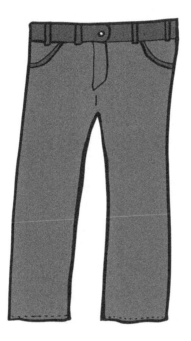

Trousers

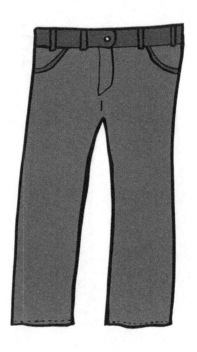

长裤

cháng kù

Umbrella

雨伞
yǔ sǎn

Underpants

内裤

nèi kù

Vest

背心
bèi xīn

Waistcoat

裲
liǎng

Watch

表

biǎo

Rain boots

雨靴

yǔ xuē

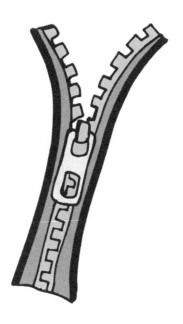

Zip

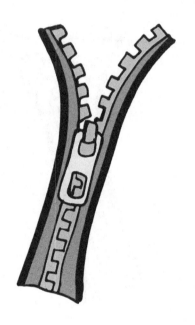

拉链
lā liàn

FLASHCARD BOOKS

HOUSEHOLD
ITEMS

ENGLISH
to
CHINESE
FLASHCARD BOOK

BLACK & WHITE EDITION

Alarm Clock

闹钟

Nào Zhōng

Apple

苹果

Píng Guǒ

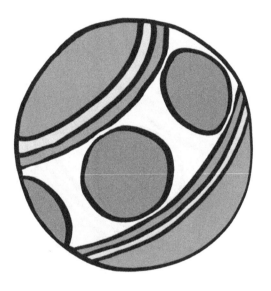

Ball

球

Qiú

Balloon

气球
Qì Qiú

Bath

浴

Yù

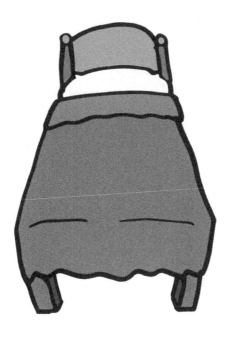

Bed

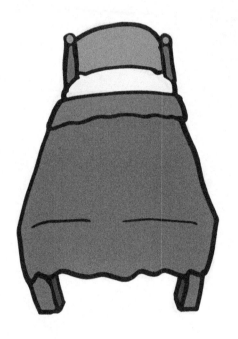

床

Chuáng

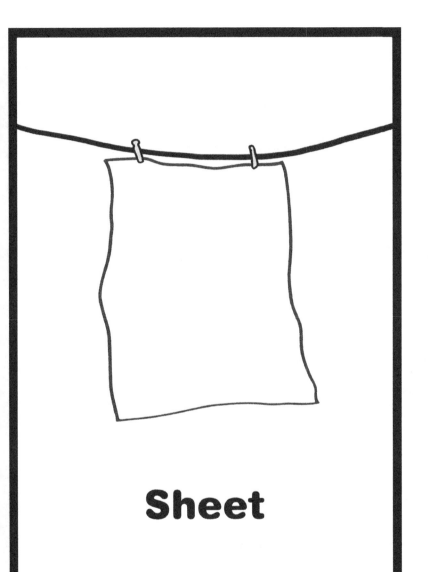

Sheet

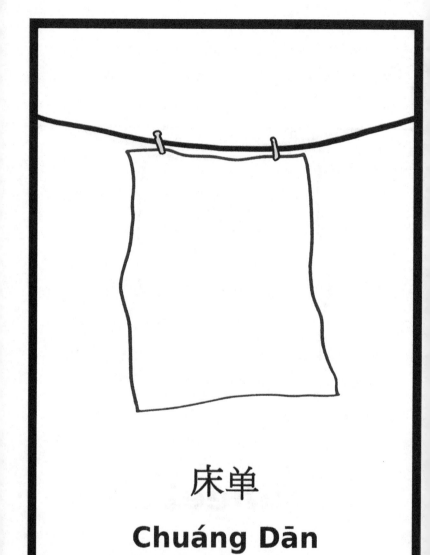

床单

Chuáng Dān

Book Case

书柜

Shū Guì

Broom

扫帚

Sào Zhǒu

Bunk Bed

双层床

Shuāng Céng Chuáng

Castle

城堡

Chéng Bǎo

Cat

猫

Māo

Cell Phone

手机

Shǒu Jī

Clock

时钟

Shí Zhōng

Breakfast Cereal

谷物早餐

Gǔ Wù Zǎo Cān

Crib

婴儿床

Yīng ér Chuáng

Cup

杯
Bēi

Cupboard

柜子

Guì Zi

Cushion

垫子

Diàn Zi

Dishwasher

洗碗机

Xǐ Wǎn Jī

Doll

洋娃娃

Yáng Wá Wá

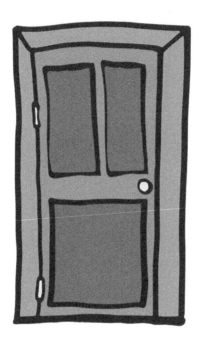

Door

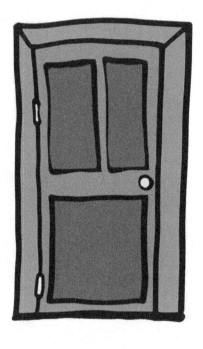

门

Mén

Door Bell

门铃

Mén Líng

Double Bed

双人床

Shuāng Rén Chuáng

Drawers

抽屉

Chōu Ti

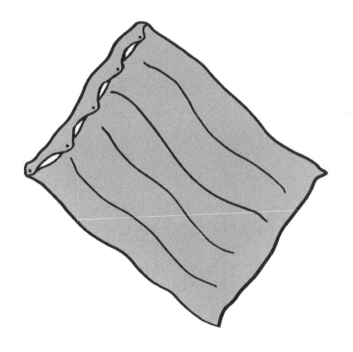

Duvet

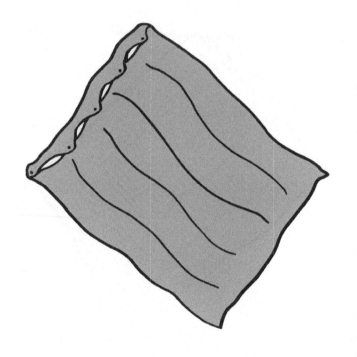

羽绒被

Yǔ Róng Bèi

Fireplace

壁炉

Bì Lú

Fish Tank

鱼缸

Yú Gāng

Fork

叉

Chā

Photo Frame

相框

Xiāng Kuāng

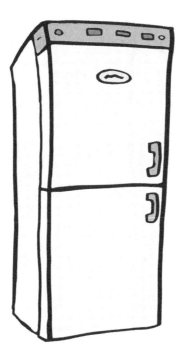

Fridge

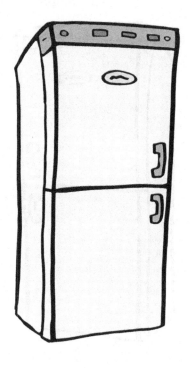

冰箱

Bīng Xiāng

Frying Pan

煎锅

Jiān Guō

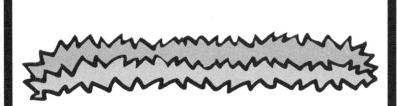

Grass

草

Căo

Greenhouse

温室

Wēn Shì

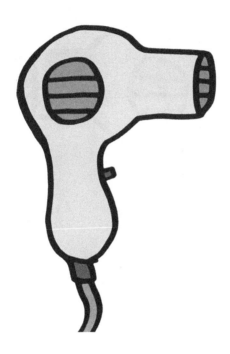

Hairdryer

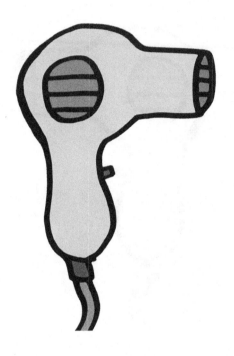

吹风机
Chuī Fēng Jī

Hammer

锤

Chuí

Hose

软管

Ruǎn Guǎn

Iron

烫斗

Tàng Dǒu

Kettle

水壶

Shuǐ Hú

Keys

钥匙

Yào Shi

Oil

油

Yóu

Kitchen Sink

厨房洗涤盆

Chú Fáng Xǐ Dí Pén

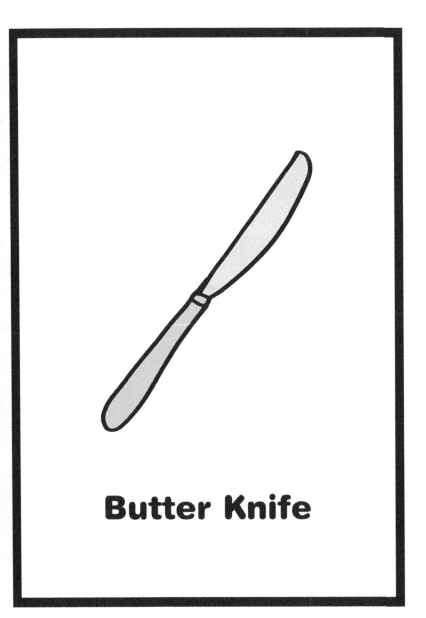

Butter Knife

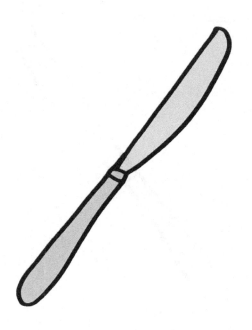

牛油刀

Niú Yóu Dāo

Lamp

灯

Dēng

Lawn Mower

割草机

Gē Cǎo Jī

Light blub

灯泡

Dēng Pào

Light Switch

电灯开关

Diàn Dēng Kāi Guān

Magazine

杂志
Zá Zhì

Microwave

微波炉

Wéi Bō Lú

Milk

牛奶

Niú Nǎi

Nails

钉子

Dīng Zi

Newspaper

报纸

Bào Zhǐ

Oven

烤炉

Kǎo Lú

Pans

锅

Guō

PC

电脑

Diàn Nǎo

Pencil Sharpener

铅笔刀

Qiān Bǐ Dāo

Pillow

枕头

Zhěn Tou

Plant

植物

Zhí Wù

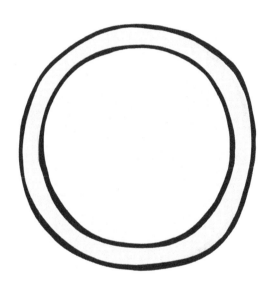

Plate

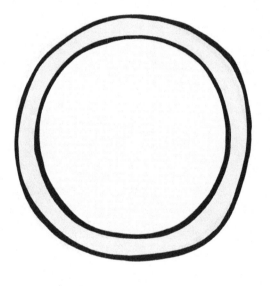

盘

Pán

Rake

耙

Bà

Remote Control

遥控器

Yáo Kòng Qì

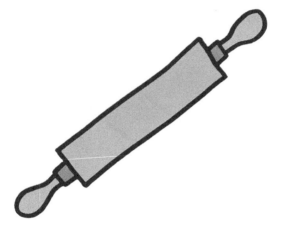

Rolling Pin

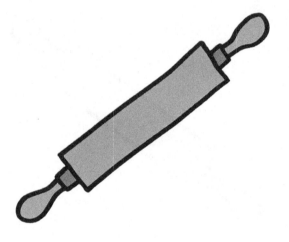

擀面杖

Găn Miàn Zhàng

Roof

屋顶

Wū Dǐng

Rug

地毯

Dì Tǎn

Sandwich

三明治

Sān Míng Zhì

Screw

螺丝钉

Luó Sī Dīng

Screwdriver

螺丝刀

Luó Sī Dāo

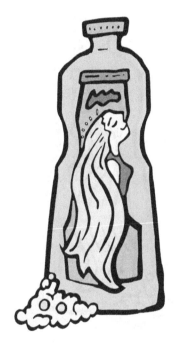

Shampoo

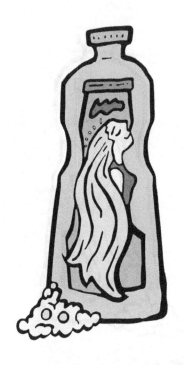

洗发水

Xǐ Fǎ Shuǐ

Shovel

铲

Chǎn

Shower

淋浴器

Lín Yù Qì

Sink

洗涤槽

Xǐ Dí Cáo

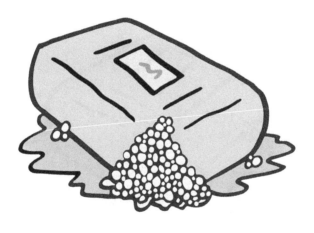

Soap

肥皂

Féi Zào

Speakers

扬声器
Yáng Shēng Qì

Sponge

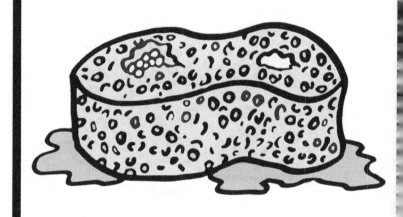

海绵

Hǎi Mián

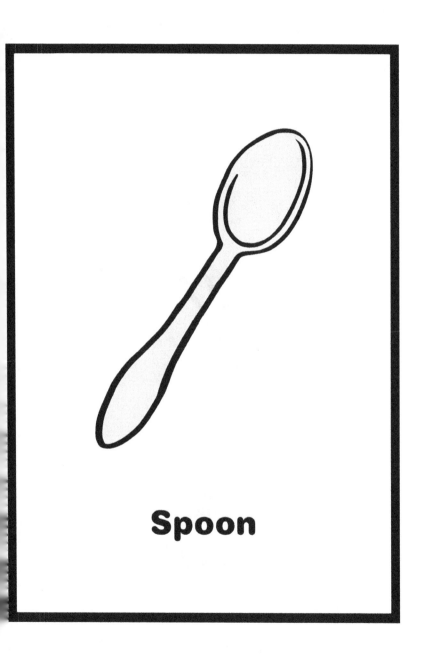

Spoon

匙

Chí

Table

桌子

Zhuō Zi

Tap

龙头

Lóng Tóu

Teddy Bear

玩具熊

Wán Jù Xióng

Toaster

烤面包机
Kǎo Miàn Bāo Jī

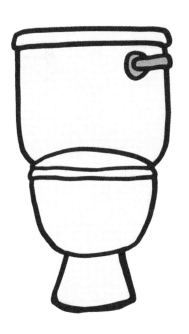

Toilet

厕所

Cè Suǒ

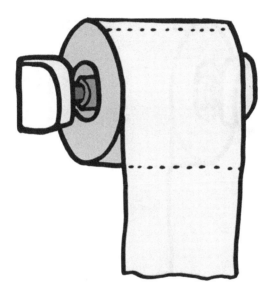

Toilet Paper

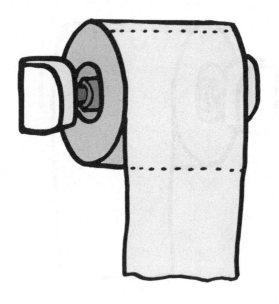

卫生纸

Wèi Shēng Zhǐ

Toothbrush

牙刷

Yá Shuā

Toothpaste

牙膏

Yá Gāo

Tree

树

Shù

Television

电视

Diàn Shì

Wardrobe

衣柜

Yī Guì

Washing Machine

洗衣机

XǏ YĪ JĪ

Dishwashing liquid

洗涤液

Xǐ Dí Yè

Wheelbarrow

独轮手推车

Dú Lún Shǒu Tuī Chē

Window

窗

Chuāng

Wrench

扳手

Bān Shǒu

FLASHCARD BOOKS

NUMBERS
SHAPES & COLORS

ENGLISH
to
CHINESE

FLASHCARD BOOK

BLACK & WHITE EDITION

One

二

èr

Three

3

三
sān

Four

4

四

sì

Five

五
wǔ

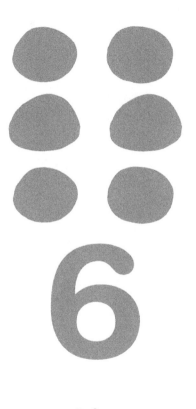

6

Six

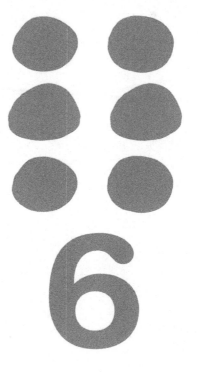

六

liù

Seven

七

qī

Eight

八
bā

Nine

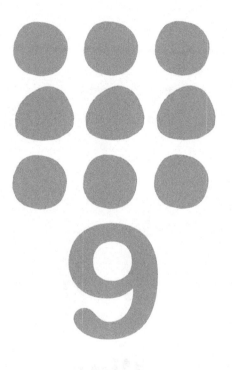

九

jiǔ

Ten

10

十

shí

11

Eleven

十一

shí yī

12

Twelve

12

十二
shí èr

Thirteen

十三
shí sān

14

Fourteen

14

十四
shí sì

Fifteen

15

十五
shí wǔ

16

Sixteen

16

十六
shí liù

17

Seventeen

十七

shí qī

18

Eighteen

18

十八
shí bā

19

Nineteen

19

十九
shí jiǔ

20

Twenty

20

二十
èrshí

30

Thirty

30

三十

sān shí

40

Forty

40

四十
sì shí

50

Fifty

50

五十
wǔ shí

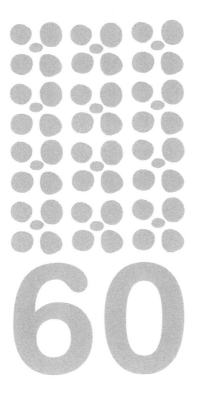

60

Sixty

60

六十

liù shí

70

Seventy

70

七十

qī shí

80

Eighty

80

八十
bā shí

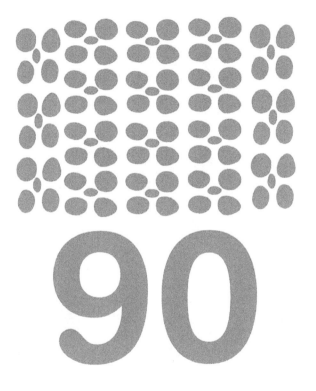

90

Ninety

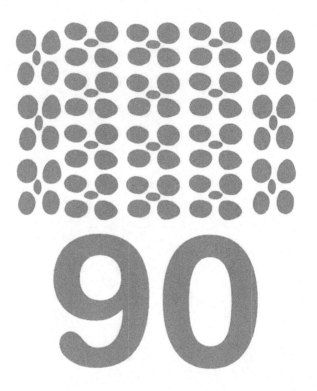

90

九十

jiǔ shí

One Hundred

一百
yī bǎi

One Thousand

一千
yī qiān

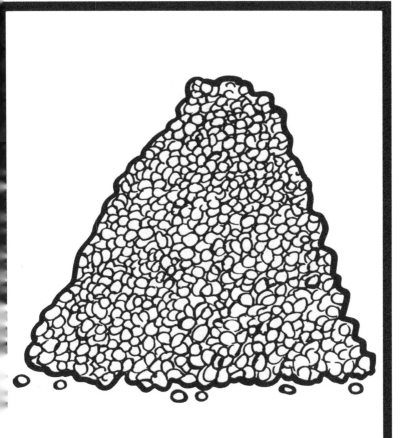

One Million

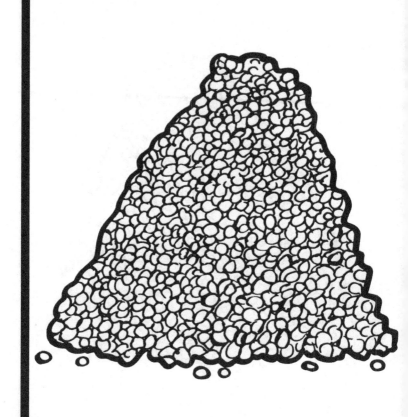

一百万
yī bǎi wàn

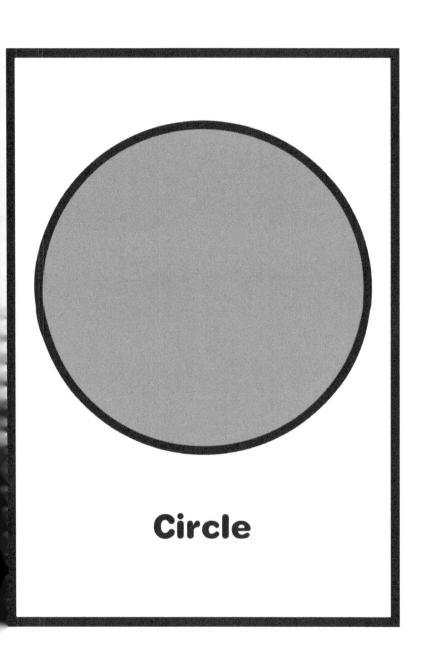

Circle

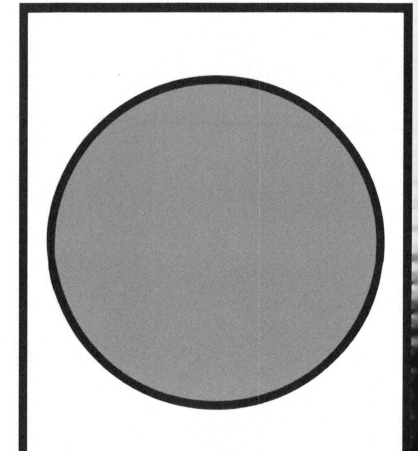

圆圈

yuán quān

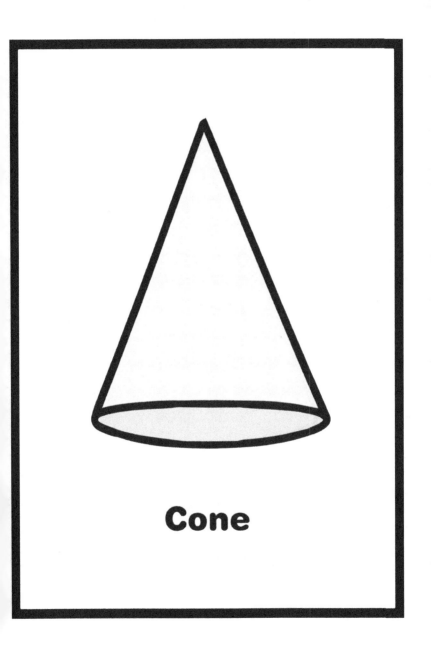

Cone

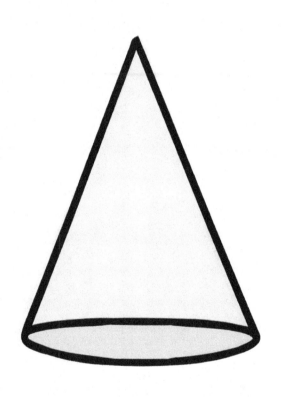

锥面
zhuī miàn

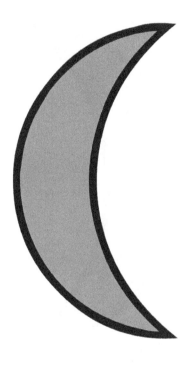

Crescent

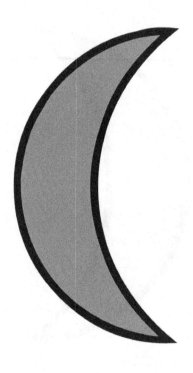

月牙形

yuè yá xíng

Cube

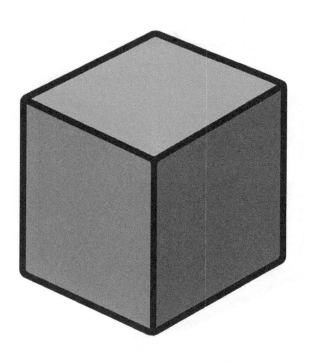

立方

lì fāng

Cylinder

圆筒

yuán tǒng

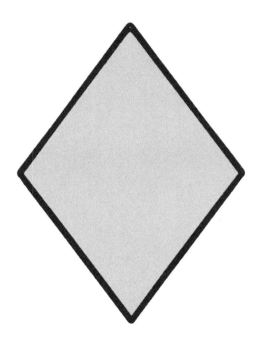

Diamond

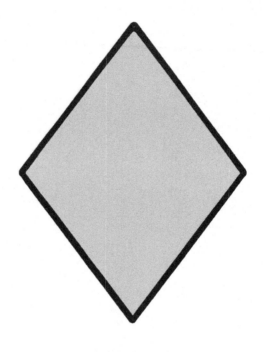

钻石

zuàn shí

Heart

心

xīn

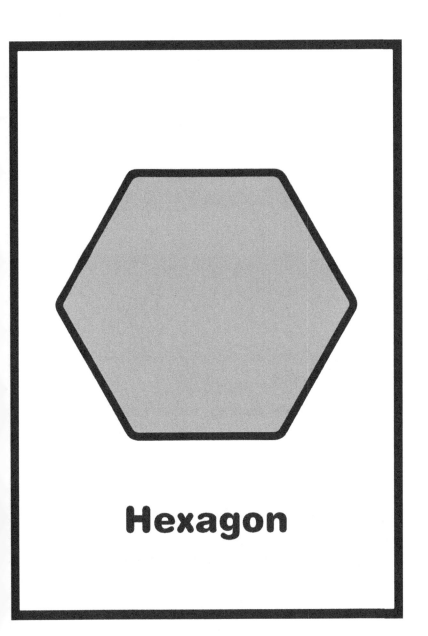

Hexagon

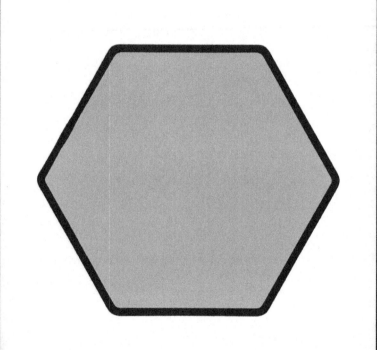

六角形
liù jiǎo xíng

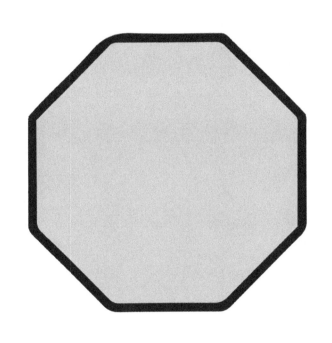

Octagon

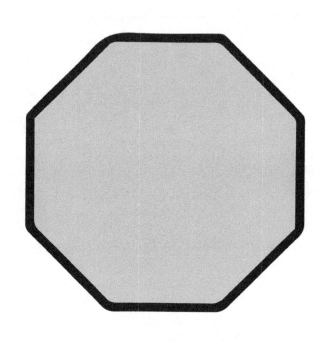

八角形

bā jiǎo xíng

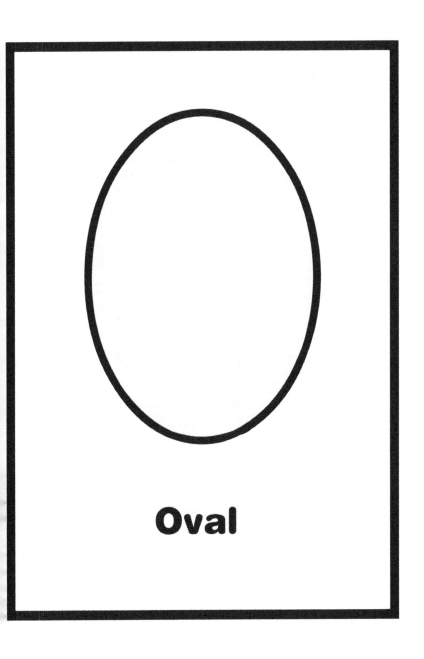

Oval

椭圆形
tuǒ yuán xíng

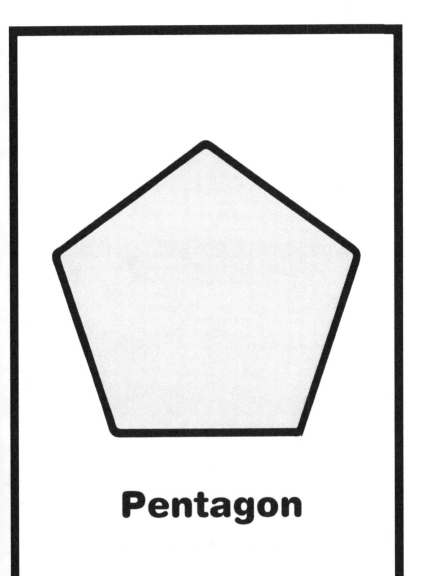

Pentagon

五角形
wǔ jiǎo xíng

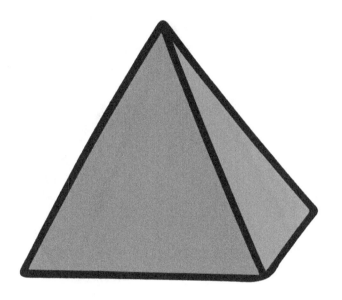

Pyramid

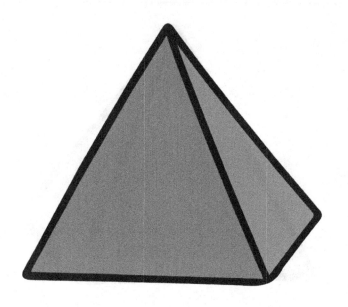

角锥

jiǎo zhuī

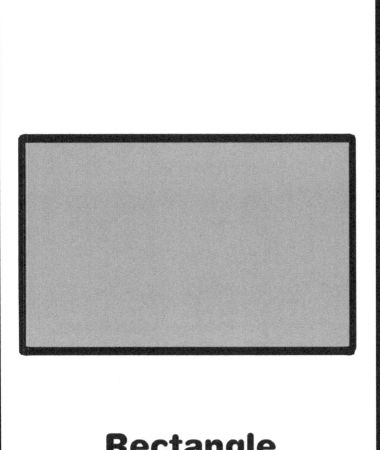

Rectangle

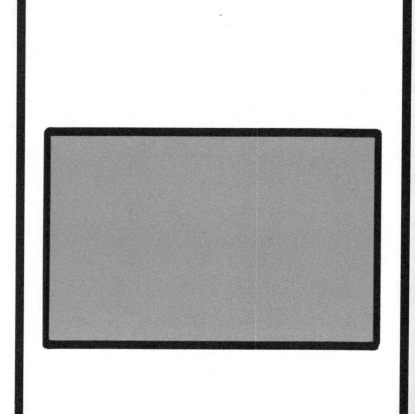

长方形
cháng fāng xíng

Square

正方形

zhèng fāng xíng

Star

星

xīng

Triangle

三角形
sān jiǎo xíng

Orange

橙色
chéng sè

Black

黑色

hēi sè

Blue

蓝色
lán sè

Brown

褐色
hè sè

Green

绿色
lǜ sè

Pink

粉红色
fěn hóng sè

Purple

紫色

zǐ sè

Red

红色

hóng sè

White

白色
bái sè

Yellow

黄色
huáng sè

Grey

灰色
huī sè

Made in the USA
Las Vegas, NV
14 December 2023

82849004R00295